Christa Gatter

Seiner Sehnsucht Segel setzen

*Bilder und Gedanken
zum Aufbrechen und Ankommen*

Bibliografische Information der Deutschen Bibliothek
Die Deutsche Bibliothek verzeichnet diese Publikation in der Deutschen Nationalbibliografie; detaillierte bibliografische Daten sind im Internet über http://dnb.ddb.de abrufbar.

© 2011 by Verlag arteMedia Riehen/Basel
www.arte-media.ch
Umschlaggestaltung: Jutta Undeutsch, JU Design
Gesamtlayout: Jutta Undeutsch, JU Design
Fotografien: Christa und Jürgen Gatter
Druck: CPI Ebner & Spiegel GmbH, Ulm

ISBN 978-3-905290-63-9

Seiner Sehnsucht Segel setzen

Bilder und Gedanken zum Aufbrechen und Ankommen

Von Zeit zu Zeit spürt jeder von uns die diffuse Sehnsucht nach mehr/MEER. Nach Weite, Veränderung, Neuland. Wie ein Wind weht sie in unser Leben und sucht ein Segel, das sich bewegen lässt.

Dieses Buch will Mut machen, seiner eigenen Sehnsucht Raum und einen Namen zu geben, sie willkommen zu heißen: sie darf sein.
Sicher, manchmal ist es bequemer mit seiner Sehnsucht sitzen zu bleiben, sich ihr nicht zu stellen. Sehnsucht empfinden bedeutet auch, einem Mangel ins Auge zu sehen.
Wer seiner Sehnsucht Segel setzt, macht sich auf – in doppelter Hinsicht: erste Schritte tun und sich öffnen für das Unbekannte.

Sehnsucht hat viele Namen und Gesichter.
Manche Sehnsucht wird gestillt.
Die tiefste Sehnsucht – das Heimweh nach dem Paradies – kann nur der erfüllen, von dem Augustinus sagt: „Gottes Sehnsucht ist der Mensch".
Auch Seiner Sehnsucht Segel setzen, gibt dem Leben Fahrt und tiefe Erfüllung über den Horizont hinaus.

*Durch's Fenster
schicke ich
meine Gedanken
in die Ferne.
Ich möchte
meiner Seele
Flügel geben.*

Wellen, Wolken, Wind und Weite locken mich.

Ich spüre Unendlichkeit, möchte ...
... Weite genießen
... mich berauschen an tausendundeinem Blau
... den Dingen auf den Grund gehen
... Vertrauen wagen
... meinen engen Rahmen sprengen lassen
... den Horizont erreichen, Grenzen überschreiten
... aus dem nie versiegenden Vollen schöpfen ...

Meine Sehnsucht sucht die See,
ich will mehr/Meer.

SICHERES UFER VERLASSEN

*Der Weg zum Meer verläuft nicht geradlinig.
Zuerst kommt ein Wall aus Sand:
Sand im Getriebe meiner Betriebsamkeit,
Hindernisse wie Sand am Meer,
unzählige Körnchen, gemahlene Erinnerungen,
zerstäubtes Allerlei verlangsamen jeden Schritt.
Dünen, Berge aus Sand wollen überquert sein.
Ich gehe los.*

*Weich und warm rieselt der Sand durch die Zehen,
lässt mich einsinken, flüchtige Spuren hinterlassen.*

*Ich bin nicht der erste auf dem Weg
und werde nicht der letzte sein.
Andere waren schon hier, fanden ihren Weg.*

*Aber einzigartig wird mein Weg sein
mit den Spuren, die nur ich hinterlassen kann.*

Der einzelne Fußabdruck vergeht, doch jetzt zeigt er Profil und ist unverwechselbar für den, der mich geschaffen hat.

Flaschenpost – „one way mail"
Manchmal ist meine Sehnsucht ebenso gut verpackt,
unter Verschluss gehalten, kennt keinen Adressaten,
ziellos ins Wasser geworfen.

G e s t r a n d e t ?

Wie der Zeiger einer Uhr mahnt mich der Zweig an meine begrenzte Lebenszeit, die Licht und Schatten kennt. Wie gehe ich mit meinem Schatten um? Ist er gleich einer Kompassnadel, die mir beweist, dass ich nicht über ihn springen kann?

Ich kann mein Gesicht auch der Sonne zuwenden und weise damit dem Schatten seinen Platz hinter mir zu. Solange ich in die Sonne schaue, kann mich mein Schatten nicht überholen.

Die Sandburg ist fertig. Konstantin hat sie gebaut, mit vorgefundenem Material. Zeit, Kraft, Phantasie hat er investiert ohne zu beklagen, zu berechnen, zu wissen, dass die nächste Flut sein Werk zerstört.

Luther würde ein Apfelbäumchen pflanzen, wenn morgen die Welt unterginge. Baue ich eine Sandburg, obwohl ich weiß, dass die Flut kommt?

Verletzungsgefahr auf dem Weg zum Meer!
Jemand hat diese Muschel zertreten. Verletzt.
Jetzt tut sie anderen weh.

Nicht von heute auf morgen, aber stetig geformt vom Wasser. Der Glanz der Steine lässt sich nicht konservieren. Trocken wirken sie gewöhnlich.

Manches Schöne kann man nur im Schauen bewahren. Halten und Mitnehmen würde enttäuschen.

Unfreiwillig ist die Qualle gestrandet.
Sie ist nicht mehr in ihrem Element;
das wird sie das Leben kosten.
Womöglich wird sie mit Füßen
getreten, verkannt, versandet.
Wer in seinem Element ist,
ist da wo er hin gehört!

Bin ich in meinem Element?
Welchen Namen hat es? Meine
Sehnsucht kann ein Wegweiser sein.
Brauche ich jemanden,
der mich zurück ins Wasser bringt?

*Schuhe haben Pause,
wenn die Füße Bodenkontakt brauchen.
Füße wollen das Fundament spüren,
standfest sein wie die Wurzeln eines Baumes.*

*Wer aufrecht steht, schenkt seinem Blick
Unendlichkeit und kann von dort
neue Schritte wagen.*

HORIZONTE

Wie mit einem Lineal gezogen, starr und unbeweglich liegt er da – der Horizont.

Greifbar nah und doch unerreichbar.
Faszinierend und ärgerlich.
Grenze und Fixpunkt menschlicher Sicht.
Berührung von Himmel und Erde.

Jeder weiß: sobald ich mich dem geografischen Horizont nähere, verändert er sich. Er ist nicht zu greifen. Er ist keine tatsächliche Grenze. Hinter'm Horizont geht's weiter. Horizont folgt Horizont. Ein Leben ohne Horizont, ohne Grenze, ohne Ziel, ist undenkbar. Aber Ziele können sich verändern. Grenzen sich weiten. Welchen Horizont fixiere ich? Wo endet meine Sicht?

Neben den Etappenzielen brauche ich ein festes
Ziel. Ein Ziel, für das es sich zu leben lohnt und
dem es erlaubt ist, meinen Bewegungsraum zu
begrenzen.

Sehnsucht endet nicht am Horizont.
Sie sucht die Berührung von Himmel und Erde.

Das Horizontale vermag keine Sehnsucht völlig zu stillen. Wo die Vertikale nicht die Horizontale kreuzt, gibt es kein erfülltes Leben.

Erst am Kreuz sagt Jesus: „Es ist vollbracht." und zeigt: „Gottes Sehnsucht ist der Mensch." (Augustinus)

HINAUS

*„Ein Schiff im Hafen ist sicher,
aber dafür ist es nicht gebaut." William Shedd*

**Manches Schiff läuft nicht aus, Leinen halten es fest.
Was hindert mich, die Leinen los zu machen?
Habe ich Angst, nicht wieder zu kehren?**

Mit dem Schritt vom sicheren Ufer auf die schwankenden Schiffsplanken fängt alles an.

Loslassen, Segel setzen, sich in den Wind stellen. Vertrauen ermöglicht Weite und neue Sicht.

Verwandelt erscheint das Ufer. Selbst Großes wird klein und der Horizont verliert seine begrenzende Macht, winkt einladend herüber.

*Das Meer birgt viele Schätze.
Wer sich hinauswagt und die Netze auswirft,
kann mit einem reichhaltigen Fang rechnen.*

Auf dem Meer sind viele unterwegs: Da sind die Dynamischen, Wendigen, Einzelkämpfer, die mit dem Wind tanzen.

Zwei, die im gleichen Boot sitzen, ein eingespieltes Team, das auf Ruder und Muskeln setzt.

Andere lassen sich beladen,
bewegen Lasten,
ersetzen fehlende Brücken oder
riskieren ihr Leben um in Seenot
zu helfen.

Welches Schiff trägt meine Sehnsucht?

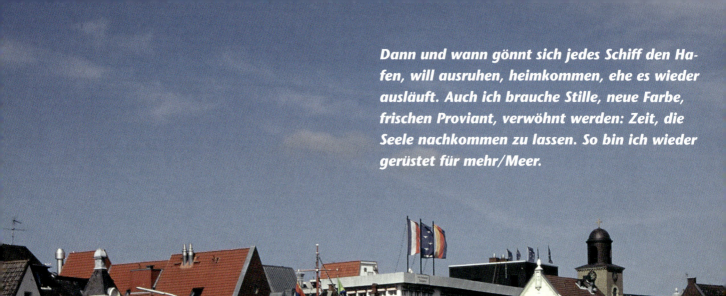

Dann und wann gönnt sich jedes Schiff den Hafen, will ausruhen, heimkommen, ehe es wieder ausläuft. Auch ich brauche Stille, neue Farbe, frischen Proviant, verwöhnt werden: Zeit, die Seele nachkommen zu lassen. So bin ich wieder gerüstet für mehr/Meer.

Alles hat seine Zeit.

Wer Sehnsucht wagt, dem bleiben Abschiede nicht erspart. Manches Boot hat ausgedient, trägt nicht mehr. Es darf bleiben als Denkmal, Zeichen der Erinnerung und Dankbarkeit.

INSEL

Land am Horizont. Welche Geheimnisse birgst du?
Meine Sehnsucht malt sich Bilder.
Doch davon wird sie nicht satt.

Ich will dich aus der Nähe sehen, anfassen,
begreifen, erfahren, deinen Zauber spüren.
Ich wage, mich der Realität zu stellen.

*Die Spannung steigt.
Was hoffe ich zu entdecken?*

*Und wenn die Wirklichkeit meinem Traum nicht standhält? Bin ich bereit, auch mit Enttäuschung zu leben? Kann ich meine Vorstellung über Bord werfen? Bin ich überzeugt: anders sein ist nicht schlechter oder besser, sondern einfach anders.
Bin ich offen genug für mehr,
als ich erwarte?*

Es ist wie es ist. Anders als sonst überall.
Und doch so ähnlich:
Weiße und Schwarze Schafe auch hier,
Bekanntes und Befremdliches,
Gutes und Schlechtes,
Schönes und Hässliches,
Gelingen und Versagen,
Fülle und Mangel,
Erfüllte Sehnsucht muss nicht eindeutig sein,
Nichts ist perfekt.

Gegensätze gehören zum Leben.
Sie ergänzen sich und sorgen für Spannung.
Zwischen zwei Polen: hin und her gerissen,
voller Angst zerrissen zu werden,
die Spannung kaum auszuhalten,
mittendrin das ganz normale Leben.

*Hier kann ich meinen Platz finden,
mal mehr zur einen,
mal mehr zur anderen Seite gezogen,
dennoch zufrieden, in Balance und versöhnt.*

Ich habe Neuland betreten, das Geheimnis gelüftet. Ich stand vor trutzigen Häusern, die bisher nur die Größe von Stecknadelköpfen hatten. Jedes einzelne könnte Romane erzählen. Ich werde sie nie mehr anschauen wie vorher.

Was bleibt? Wovon erzähle ich?
Was drückt sich ein? Was halte ich fest?

GEZEITEN

Ebbe und Flut
Gehen und Kommen
Leere und Fülle
verlässlicher Rhythmus

Ebbe, einmalige Chance dem Meer
auf den Grund zu gehen. Jetzt wird sichtbar,
was sonst verborgen ist.

Ebbe im Leben aushalten:
Bereit sein für Neues,
wahrnehmen, was angespült wurde,
Kostbares sammeln,
staunen über die Lebensspuren tief im Inneren.

Verborgenes offen legen und anschauen.
Entdecken, dass die Verbindung zum Meer noch offen ist und der kleinste Tropfen den Himmel spiegelt.

Begleitet von der Gewissheit, dass das Meer
wieder kommt.

Die Flut ist da. Mit Macht rollt sie an den Strand. Leben ist nicht aufzuhalten. Sprudelndes Wasser, Leben spendend, erquickend, belebend, heilsam.

*Die Flut nimmt ihr Land wieder ein.
Barmherzig und schonungslos bedeckt sie
alles und nimmt mit, was nicht fest ist.*

Eröffnet neue Möglichkeiten.

LEUCHTTÜRME

*Sehnsucht braucht Orientierungspunkte,
Wegmarken, Licht.*

*Leuchttürme ermöglichen Position zu beziehen.
Wissen wo man ist, hilft klären, wohin man will.*

*Kein Leuchtturm leuchtet sich selbst. Er dient dem,
der auf See sucht (dem Sehnsüchtigen), weist mit
seinem Licht über sich selbst hinaus.*

Von weitem kaum sichtbar. Manchmal muss ich gezielt Ausschau halten und entdecke den Leuchtturm nicht da, wo ich ihn vermute.

Dann wieder greifbar nah. Einladend, Rast auf der Reise. Beim Leuchtturm vor Anker gehen, Hütten bauen. Versuchung, Sicherheit zu pachten.

Sie sagen: „Wasser hat keine Balken."
„Ich weiß", sage ich auf stürmischer See.

„ABER ich werde am Ufer erwartet."